BEI GRIN MACHT SICH IHR WISSEN BEZAHLT

- Wir veröffentlichen Ihre Hausarbeit, Bachelor- und Masterarbeit

- Ihr eigenes eBook und Buch - weltweit in allen wichtigen Shops

- Verdienen Sie an jedem Verkauf

Jetzt bei www.GRIN.com hochladen und kostenlos publizieren

Die Vaterfiguren in Felicitas Hoppes "Picknick der Friseure"

Inwieweit ähneln oder unterscheiden sich die Väter in "Die Pilger", "Die Zeugen" und "Am Saum" und lässt sich dementsprechend ein Vatertypus determinieren?

Daniel Reiser

Bibliografische Information der Deutschen Nationalbibliothek:

Die Deutsche Nationalbibliothek verzeichnet diese Publikation in der Deutschen Nationalbibliografie; detaillierte bibliografische Daten sind im Internet über http://dnb.d-nb.de abrufbar.

ISBN: 9783389048474
Dieses Buch ist auch als E-Book erhältlich.

© GRIN Publishing GmbH
Trappentreustraße 1
80339 München

Alle Rechte vorbehalten

Druck und Bindung: Books on Demand GmbH, Norderstedt Germany
Gedruckt auf säurefreiem Papier aus verantwortungsvollen Quellen

Das vorliegende Werk wurde sorgfältig erarbeitet. Dennoch übernehmen Autoren und Verlag für die Richtigkeit von Angaben, Hinweisen, Links und Ratschlägen sowie eventuelle Druckfehler keine Haftung.

Das Buch bei GRIN: https://www.grin.com/document/1491495

Universität Konstanz
FB Literaturwissenschaft
Wintersemester 2021/22
Interkulturelle Gegenwartsliteratur (Proseminar)
Neue Deutsche Literatur

Die Vaterfiguren in
Felicitas Hoppes „Picknick der Friseure"

Inwieweit ähneln oder unterscheiden sich die Väter in „Die Pilger", „Die Zeugen"
und „Am Saum" und lässt sich dementsprechend ein Vatertypus determinieren?

Daniel Reiser

Inhaltsverzeichnis

1. Einleitung   3
2. Inhaltsangabe zu den Prosaminiaturen „Die Pilger", „Die Zeugen" & „Am Saum"   5
3. Analyse der Prosaminiatur „Die Pilger"   6
4. Analyse der Prosaminiatur „Die Zeugen"   9
5. Analyse der Prosaminiatur „Am Saum"   11
6. Fazit   14
7. Bibliographie   15

1. Einleitung

„Picknick der Friseure" von Felicitas Hoppe, die 1960 in Hameln geboren wurde und als Schriftstellerin in Berlin lebt, ist ein der Fiktion zuzuordnendes Werk, das aus 20 eigenartigen Kurzgeschichten besteht. Der Leser wird mit absurden, irritierenden und teils grotesken Geschichten konfrontiert und wird dazu aufgefordert, sich in die vom Text erschaffene Traumwelt zu begeben und die jeweiligen Geschichten auf unterschiedliche Weise zu interpretieren.

Im Hinblick auf die Interkulturalität, welche die Verschiedenheit der Gesellschaft in Bezug auf Kultur, Sprache oder Religion sensibel darstelle[1], ist anzumerken, dass die facettenreichen Geschichten aus Hoppes „Picknick der Friseure" diverse Anknüpfungspunkte bieten und man in verschiedene Richtungen analysieren kann. So stellt zum Beispiel das Thema Reisen[2], aber auch die Familie[3] ein großes Themenfeld dar. Innerhalb der Familie ist besonders die Figur des Vaters auffällig, da er sich je nach Situation differenziert verhält, vorangetrieben durch zahlreiche Auslöser. Im Hinblick auf die Ehe und die Erziehung seines Kindes kommen unterschiedliche Methoden zum Einsatz, die teilweise sehr unverständlich und eher schwer nachvollziehbar sind. Daher ist es notwendig, sich die Vaterfigur genauer anzusehen, um herauszufinden, warum er sich so verhält und was für Motive dahinterstecken.

Diese Hausarbeit beschäftigt sich daher explizit mit der Vaterfigur, die zuerst beispielhaft anhand der dritten Geschichte namens „Die Pilger", der vierzehnten Geschichte mit dem Namen „Die Zeugen" sowie der fünften Geschichte mit dem Titel „Am Saum" untersucht wird und im Anschluss miteinander verglichen wird.

Im Folgenden sollen die Väter aus den jeweiligen Geschichten miteinander verglichen werden, um dann feststellen zu können, inwieweit sie sich ähneln oder differenzieren und ob sich dementsprechend ein Vatertypus determinieren lässt.

Zum aktuellen Forschungsstand bei „Picknick der Friseure" muss erwähnt werden, dass es zum hier analysierenden Werk noch nicht ausreichend Literatur gibt, da es zur Gegenwartsliteratur gehört und zur Autorin Felicitas Hoppe allgemein keine hohe Bandbreite an Forschung besteht. Nichtsdestotrotz gibt es vereinzelt Autorinnen und Autoren, die sich mit den Werken Hoppes auseinandersetzen und diese beispielsweise im Hinblick auf die Familie und deren

---

[1] Hofmann, Michael: „Interkulturelle Literaturwissenschaft. Eine Einführung", Paderborn 2006, S. 9
[2] Vgl. Hoppe, Felicitas: „Picknick der Friseure", Verlag Fischer, Frankfurt am Main, 2006, S. 16ff. & S. 57ff.
[3] Ebd. S. 10ff., S. 16ff., S. 26ff., S. 65ff.

Konstellation analysieren, so wie beispielsweise Michaela Holdenried, deren Text im Band „Ehrliche Erfindungen" von Svenja Frank und Julia Ilgner erschienen ist[4] und an der sich meine Analyse des Öfteren, insbesondere aber zur Familie, orientiert. Außerdem gibt es einige Forschungsliteratur der von Hoppe behandelten Themen, wie beispielsweise Familie, Fremdheit sowie Absurdität. Der gesichteten Literatur kann ich weitestgehend zustimmen, wobei einzelne Aussagen nicht unkritisch anzusehen sind.

Bevor die Vaterfiguren im Detail analysiert werden, muss zuerst einmal der grobe Inhalt der drei ausgewählten Geschichten dargestellt werden.

---

[4] Holdenried, Manuela: „Familiengeschichten allesamt" – Familienkonstellationen im Werk Felicitas Hoppes in: Frank, Svenja & Ilgner, Julia: Ehrliche Erfindungen – Felicitas Hoppe als Erzählerin zwischen Tradition und Transmoderne, transcript Verlag, Bielefeld, 2017, S. 71-85.

2. Inhaltsangabe zu den Prosaminiaturen „Die Pilger", „Die Zeugen" & „Am Saum"

In der Geschichte „Die Pilger" aus Hoppes „Picknick der Friseure" geht es um eine Familie, bestehend aus einem Vater, dessen Frau sowie einem gemeinsamen Kind. Der Vater, der wegen eines Kindheitstraumas alle Arten von Verkleidung hasst, ertappt seine Frau, wie sie heimlich verschiedene Perücken ausprobiert und bestraft sie hart. Er zieht seine Frau vor den Hausaltar und zwingt sie niederkniend Buße zu tun, was sie jedoch nicht ernst nimmt und in Lachen ausbricht. Durch Morgengebete versucht der Vater Erleuchtung zu bekommen. Voller Zorn holt der Vater einen Friseur ins Haus, der dem Kind den Kopf kahl rasiert. Die Haare bleiben jedoch immer rot und der Vater droht den Verstand zu verlieren. Anschließend unternimmt er mit seinem Kind eine Pilgerreise, wovon sich der Vater Heilung verspricht.[5]

„Die Zeugen" erzählt von Männern, welche Möbelstücke von einem spielsüchtigen Vater pfänden. Dessen Kind hofft auf Erlösung für sich und den Vater. Er verliert Spiel um Spiel und verfällt letztendlich in eine Spielsucht. Oft nimmt er sein Kind, unter dem Vorwand es bringe ihm Glück, mit zu seinen nächtlichen Ausflügen. Das Kind versetzt das letzte Hab und Gut, um die Sucht des Vaters weiter zu finanzieren, obwohl er immer wieder verliert. Die Verluste bewirken, dass der Vater an Gewicht verliert.[6]

Die dritte Geschichte, die in dieser Hausarbeit analysiert wird, „Am Saum", handelt von einem Vater, der seiner Kreativität im Zuge des Verfassens eines Buches freien Lauf lässt. Diese Geschichte präsentiert einen ruhigen Vater, welcher seine Vaterrolle nicht wirklich wahrnimmt und sein Umfeld auszublenden scheint.[7]

Diese drei beschriebenen Geschichten zeigen verschiedene Vatertypen auf, deren Verhalten auf unterschiedlichen Motiven basiert.

---

[5] Vgl. Hoppe, S. 16f.
[6] Vgl. Ebd. S. 65f.
[7] Vgl. Ebd. S. 26f.

3. Analyse der Prosaminiatur „Die Pilger"

Die Familie nimmt eine sehr wichtige Position ein und ist in den Werken Hoppes thematisch und motivisch zu vernehmen.[8] Zur Vaterrolle in „Die Pilger" ist zu erläutern, dass der Vater sich allgemein seiner Familie gegenüber befremdlich verhält. Von „Momente[n] familiärer Verstrickungen"[9] spricht auch Michaela Holdenried, die diverse Werke Felicitas Hoppes analysierte. Der Vater zeigt aggressive Tendenzen auf, was daran zu erkennen ist, dass er noch aus Kindheitstagen traumatisiert ist und dieses Verhalten daher darauf zurückzuführen ist. Dieses Trauma wurde dadurch ausgelöst, da er „aus einer Familie mittelmäßiger Schauspieler stammt und [...] er als Kind auf schmutzigen Vorstadtbühnen kleine Affen, Indianer und Papageien hat mimen müssen".[10] Hier ist es anzubringen, dass Familiengeheimnisse ein festes Element von familiären Erzählungen sind.[11]

Der Vater wird mit fremden Bildern konfrontiert, wobei sich „fremd" nicht auf etwas Unbekanntes bezieht, sondern eher auf etwas Unangenehme. Das schon für ihn Vertraute, welches sich in seinen Vorstellungen widerspiegelt, verliere sich in Irritation und Unverständlichkeit.[12] Wichtig an dieser Stelle zu erwähnen ist, dass „jede Imagination eines fremden Bildes sofort in Beziehung zu vertrauten Bildern [tritt]".[13] Das für ihn Fremde bringt er sofort mit dem ihm Vertrauten in Verbindung. Laut Kaygun „[konturieren] vertraute Bilder das neue fremde Bild"[14], was bedeutet, dass das vertraute Bild das neue fremde Bild beeinflusst und ihm einen Rahmen gibt. Dieser These ist zuzustimmen, da die negativ konnotierte Vergangenheit des Vaters dessen Gegenwart bestimmt bzw. stark beeinflusst. Für den Leser wird hier verdeutlicht, dass Hoppe das Kindheitstrauma des Vaters erläutern will.

Die sich aufbauende Aggression überträgt der Vater auf seine Frau, zumal er sie dabei ertappt, wie sie heimlich Perücken anzieht und sich darüber lustig macht. An dieser Stelle ist eine erste Verbindung zur Interkulturalität festzumachen, da der Vater die Perücken als Angriff auf seine persönliche Identität sieht und immer wieder von seinen negativen Kindheitserfahrungen eingeholt wird. So ist festzustellen, dass sich der Vater in seiner Vorstellung mit einer Welt von Symbolen und Bedeutungen umgibt.[15] Jedoch wird das spezifische Netz von Symbolen und Bedeutungen als konstitutiv für die Identität gesehen.[16] Man kann hier erkennen, dass aus der

---

[8] Vgl. Holdenried, S. 82.
[9] Ebd. S. 71.
[10] Hoppe, S. 16.
[11] Vgl. Holdenried, S. 75.
[12] Vgl. Kaygun, Hacer: „Literatur als Medium zur Darstellung fremder Bilder", Berlin, 1992, S. 5.
[13] Kaygun, S. 6.
[14] Ebd. S. 6.
[15] Vgl. Hofmann, S. 9f.
[16] Vgl. Ebd. S. 9f.

Sicht des Vaters die Perücken verhindern, sich selbst zu sein und sich allgemein wohlzufühlen. Dies zeigt wiederum, dass das Verhalten des Vaters stark durch seinen Glauben motiviert ist. Einerseits ist es für den Vater befremdlich, sich Perücken anzuziehen und andererseits ist das wiederum für den Leser ein Stück weit befremdlich.

Laut Ortfried Schäfter „[wird] die Deutung des Fremden als Gegenbild oft gerade dann bemüht [...], wenn sich Individuen und Kollektive einer Krisenerfahrung ausgesetzt sehen, deren Bewältigung auf große Schwierigkeiten stöße".[17] In diesem Fall sieht sich der Vater als Individuum mit dem Problem mit den Perücken, welches durch seine Krisenerfahrungen in der Kindheit ausgelöst wurde, konfrontiert. Hierbei muss erwähnt werden, dass bei Störung des seelischen Gleichgewichtes der Seele immer wieder eine neue Motivation zugrunde liegen muss, um Krankheit und Unglück zu vermeiden.[18] Das aggressive Verhalten des Vaters wird zusätzlich dadurch gefördert, als er Alkohol bei seiner Frau entdeckt, was ihn in Rage bringt. Für den Leser stellt der Alkohol im Hinblick auf den Vater eine Art Sünde dar, was wiederum auf sein Glauben bezogen werden kann und damit weiteren Aufschluss über seine Kultur gibt. Jeder Einzelne hat Kontakt mit dem Absoluten und dabei ist das Gespür für das Göttliche von zentraler Bedeutung. Dieses Gespür existiere nicht nur äußerlich, sondern auch im Inneren jedes Individuums.[19]

Durch seinen Glauben motiviert ist auch die Erziehung seines Kindes. Dass er gläubig ist, ist unter anderem daran festzumachen, dass sich im beschriebenen Haus ein Altar befindet.[20] Seine Erziehung erweist sich als eher unterdrückend und er tritt oftmals zornig auf. Denn für ihn als Vater ist es unduldbar, dass sich eine kostümierende Mutter und das Kind mit seinen roten Haaren im religiösen Haushalt befinden. All diese karnevalesken Formen seien für den Vater außerkirchlich und areligiös. Sie gehören seiner Ansicht nach zu einem komplett anderen Lebensbereich.[21] Das Kind, das damit belastet ist, jeden Morgen mit Haaren aufzuwachen, obwohl es am Abend zuvor immer ohne Haare einschlief, merkt an, dass der „Vater kurz davor war, seinen Verstand zu verlieren".[22]

Für den Leser wirkt das mit den Haaren relativ merkwürdig und es braucht verschiedene Ansätze zur Erklärung. Wichtig an dieser Stelle anzubringen ist die Ansicht von Willms, dass

---

[17] Vgl. Hofmann, S. 22f.
[18] Schott, Christina: „Ahnen, Animisums und die Absurdität des modernen Menschen" in: südostasien – Zeitschrift für Politik, Kultur, Dialog, 12.12.2018.
[19] Vgl. Schaper, Susanne: „Ironie und Absurdität als philosophische Standpunkte", Würzburg, 1994, S. 10.
[20] Vgl. Hoppe, S. 18.
[21] Vgl. Dinger, Christian: „Kurze Beine und schallendes Gelächter. Groteske Komik und subversive Lachkultur am Beispiel von Felicitas Hoppes *Picknick der Friseure*" in: Holdenried, Michaela: Felicitas Hoppe: Das Werk, Verlag Schmidt, Berlin, 2015, S. 229.
[22] Hoppe, S. 18.

„[d]ie Parallelen zwischen *Picknick der Friseure* und der Tradition der absurden Literatur [...] auffällig [sind]"[23], was einmal mehr zeigt, dass im Werk Hoppes Anzeichen von Absurdität innerhalb der Geschichten festzumachen sind. Das Verkleiden bietet die Möglichkeit, in andere Rollen zu schlüpfen und Daseinszustände zu erlangen. All dies könne ein Hinweis auf Veränderlichkeiten zur absurden Welt sein.[24]

Um sein Kind von den immer wiederkehrenden roten Haaren zu heilen, tritt der Vater mit ihm eine Pilgerreise an, weil er sich davon Heilung erhofft. Auch an dieser Stelle wird sein Glaube bzw. seine Verbundenheit zu seiner Kultur deutlich, da er diese Pilgerreise als einzige Möglichkeit sieht, sein Kind von dem Fluch zu „befreien". Er hinterfragt nicht, warum sein Kind plötzlich rote Haare hat und realisiert zudem nicht, dass es vielleicht psychische Hintergründe dafür geben könnte. Das Kind ist traumatisiert, dass die Mutter aus dem Haus getrieben wurde und steigert sich stark in die Situation hinein.[25]

Der Aspekt mit den Haaren lässt sich der „grotesken Übertreibungskunst"[26] zuordnen, von welcher Holdenried in ihrer Analyse spricht. Im Glauben daran, dass die Pilgerreise erfolgreich war, kehren beide zur Gaststätte zurück und feiern sehr ausgiebig. Es wird in Hülle und Fülle gegessen und getrunken, was schon in Völlerei ausartet. Dies deutet schon daraufhin, dass sich der Vater vom religiösen Lebensweg weg in Richtung Bereich des Karnevals bewegt. Selbst als andere Pilger zu tanzen beginnen[27], runzelt er zuerst noch die Stirn, aber als jedoch wenig später kostümierte Gestalten in die Gaststätte kommen, zeigt er sich begeistert.[28] Der Ansicht Dingers, dass sich der Vater vom Religiösen wegbewegt, ist zuzustimmen, weil hier verdeutlicht wird, dass der Vater letzten Endes seine negativen Ansichten gegenüber dem Karnevalistischen ablegt, indem er sein Kind so akzeptiert wie es ist und auch die Mutter wieder zur Familie zurückkehrt. Im Allgemeinen nimmt der Vater in dieser Geschichte eine eher negativ konnotierte Haltung an, verändert sein Verhalten jedoch im Zuge der Pilgerreise bedeutend. Letztendlich sind Vater und Mutter wieder vereint und dem Kind stehen weiter die roten Haare zu Berge. Somit hat der Karneval gesiegt und das religiöse Ordnungsprinzip wird entkräftet. Der Vater, welcher dieses Prinzip in „Die Pilger" verkörpert, wurde sozusagen nicht enttrohnt, sondern karnevalisiert.[29] Dass der Vater aus sich herauskommt, verwundert sogar das

---

[23] Vgl. Willms, Weertje: „Subversive Kräfte und Tendenzen des Absurden. Felicitas Hoppes *Picknick der Friseure*" in: Holdenried, Michaela: Felicitas Hoppe: Das Werk, Verlag Schmidt, Berlin, 2015, S. 25.
[24] Vgl. Willms, S. 25.
[25] Vgl. Hoppe, S. 18f.
[26] Holdenried, S. 74.
[27] Vgl. Hoppe, S. 20f.
[28] Vgl. Dinger, S. 229.
[29] Vgl. Ebd. S. 217.

Kind selbst: „Es war das erste und einzige Mal, daß ich meinen Vater glücklich machte".[30] Auf recht verallgemeinernde Weise wird in der Forschung davon gesprochen, dass sich Hoppe auf soziokulturelle Motive innerhalb der Familie beziehe.[31] Dieser Feststellung ist nicht unkritisch entgegenzublicken, da ihr nur teilweise zuzustimmen ist, zumal innerhalb der Familie auch religiöse Motive eine wichtige Rolle einnehmen. Diese Motive zeigen sich deutlich am Vater, welcher der Überzeugung ist, dass sein Kind durch das Pilgern geheilt werden kann.

4. Analyse der Prosaminiatur „Die Zeugen"

Der Vater aus der Geschichte „Die Zeugen" ist im Gegensatz zum oben beschriebenen Vatertyp von sich selbst enttäuscht und sieht sich in der Opferrolle, da er bei seinen Spielen versagt hat und sich seine Spielsucht keineswegs eingestehen möchte. Der Vater präsentiert sich eher schwach, was an mehreren Stellen im Text festzumachen ist. Insbesondere lässt sich dies aber bereits direkt am Anfang der zu analysierenden Geschichte[32] ersehen, als die Tochter ihren Vater von den „kräftigen Männern"[33] abgrenzt und ihn als abgezehrt darstellt[34]. Im Vergleich zum Vater aus „Die Pilger" stellt er einen durchaus schwachen Charakter dar. Denn normalerweise sollte ein Vater in seiner Rolle als Vorbild für Fürsorge und Schutz fungieren.[35] Schon von alters her hielten Väter einen gewissen „Spielraum", indem sie wenig oder gar nichts zu vererben hätten, somit war auch dementsprechend die Macht ihren Kindern gegenüber bzw. auch das Interesse geringer.[36] Der These von Kuechenhoff, dass Väter nicht richtig in ihren Rollen agieren ist hinzuzufügen, dass der Vater in „Die Zeugen", getrieben von seiner Spielsucht, seine Vaterposition nicht richtig wahrnimmt. Er realisiert beispielsweise gar nicht, dass das Kind heimlich die offenstehenden Bierflaschen austrinkt, während er Spiel um Spiel verliert.[37] Dies ist ein Indiz für eine sich anbahnende Verwahrlosung, da der Vater sein Kind nahezu komplett ausblendet, zumal er dem Spielen einen hohen Wichtigkeitsgrad zumisst. Er merkt nicht, dass das Kind hier eigentlich die Vaterrolle übernimmt. Das Kind versucht alle negativen Situationen von ihrem Vater abzuwenden. Er ist völlig realitätsfremd, da er nicht

---

[30] Hoppe, S. 19.
[31] Vgl. Holdenried, S. 79.
[32] Vgl. Hoppe, S. 65.
[33] Ebd. S. 65.
[34] Vgl. Ebd. S. 65.
[35] Vgl. Kuechenhoff, Joachim: „Familienstrukturen im Wandel", Verlag F. Reinhardt, Basel, 1998, S. 25.
[36] Vgl. Ebd. S. 26.
[37] Vgl. Hoppe, S. 65.

bemerkt, dass sein Kind mittlerweile das ganze Hab und Gut versetzt hat, um seine Spielsucht zu unterstützen.[38]

Durch Kummer geleitet befindet sich der Vater in einer bemitleidenden Situation. Um wieder Kraft zu tanken und glücklicher zu werden, nimmt er sein Kind, welches seine einzige Stütze ist, zu seinen Spielen mit und erhofft sich dadurch, zu gewinnen. Selbst die Mutter in der Prosaminiatur „Die Zeugen" ist durch die Spielsucht des Vaters bzw. ihres Mannes mittlerweile am Ende ihrer Kräfte, was sich dadurch zeigt, dass sie vor lauter Ratlosigkeit eines Nachts die Spielkarten verbrennt und dann verschwindet.[39] Kuechenhoff verweist in seiner Analyse auf Badinter, dessen Ansicht nach die Vaterrolle stark davon abhängt, wie man die Position der Mutter und auch die des Kindes definiere.[40] So müsse sich auch die Vaterrolle den neuen gesellschaftlichen Herausforderungen anpassen[41], was beim Vater in „Die Zeugen" nicht gegeben ist. Der Analyse Kuechenhoffs zufolge, sei die Mutter eine relativ dreidimensionale Persönlichkeit. Sie ist relativ, weil sie nur in Bezug auf Vater und Kind zu denken ist und dreidimensional, weil darüber hinaus ist sie ja auch eine Frau mit eigenen Ansichten, welche nichts mit den Wünschen des Mannes oder des Kindes zu tun haben. So eine Dreiecksbeziehung beinhalte nicht nur eine psychologische Faktizität, sondern vor allem auch eine soziale Realität.[42] Kuechenhoffs Ansicht, die auf Badinter beruht, ist daher um den Aspekt zu erweitern, dass es die Mutter einfach nicht mehr schafft, an den spielsüchtigen Vater heranzukommen und ihm helfen möchte, damit es dem Kind und ihr besser geht, zu ergänzen.

In der Geschichte „Die Zeugen" ist der Vater weder selbstständig noch dominierend, was sich daran erkennen lässt, dass das Kind seinem Vater das Geld bereit legte, das er zum Spielen nimmt[43]. Im Gegensatz zum Vater aus „Die Pilger", welcher ein eher aggressiv bestimmendes Verhalten aufweist, pflegt der Vater hier eine harmonische Beziehung, was sich beispielsweise an folgender Stelle festmachen lässt, als das Kind sagt: „Ich würde ihm Glück bringen".[44] Das Kind verweist auf den Aspekt, dass man im Leben Unglück begegnet, indem es sagt: „Er realisiert nicht, dass wir geboren worden sind, um uns und andere ins Elend zu stürzen"[45], was zeigt, dass es begreift, dass einem Unglück durchaus widerfahren kann. Wahrscheinlich möchte das Kind dem Vater verdeutlichen, dass er Pech haben kann und das auch darf, sich aufgrund dessen aber nicht in eine Depression stürzen soll.

---

[38] Vgl. Ebd. S. 65f.
[39] Vgl. Ebd. S. 66.
[40] Vgl. Kuechenhoff, S. 16, zitiert nach Badinter.
[41] Vgl. Ebd. S. 16.
[42] Vgl. Ebd. S. 16.
[43] Vgl. Hoppe, S. 67.
[44] Vgl. Ebd. S. 66.
[45] Hoppe, S. 66.

Desweiteren lässt sich zum Charakter des hier beschriebenen Vaters sagen, dass er unter fehlendem Selbstbewusstsein leidet und daher „klein" wirkt. Dies ist daran zu erkennen, als die kräftigen Männer kommen, um Möbel zu holen und den Vater aus dem Bett schleifen[46]. Man erkennt eindeutig, dass es dem Vater an Autonomie mangelt, da er sich offenbar nicht einmal eigenständig bewegen kann.

Die bisherige Analyse zeigt uns, dass sich kein einheitlicher Vatertyp pauschal festlegen lässt, da sich diese Väter der beiden Geschichten sehr verschiedenartig aufführen und ihr Verhalten durch unterschiedliche Faktoren, wie zum Beispiel Ereignisse aus der Kindheit, motiviert wird. Der Vater aus der Prosaminiatur „Die Zeugen" ist im Vergleich zum traumatisierten sowie dominanten Vater aus „Die Pilger", der Macht über sein Kind ausübt und aggressive Tendenzen aufweist, von Versagen und fehlender Autonomie sowie fehlendem Selbstbewusstsein geprägt. Desweiteren ist anzubringen, dass der Leser eine weitestgehend harmonische Beziehung in der Geschichte „Die Zeugen" wahrnimmt, während das Familienleben in „Die Pilger" von Glaube, Gewalt und Macht gekennzeichnet ist und daher weit entfernt von Harmonie ist.

5. Analyse der Prosaminiatur „Am Saum"

Die Prosaminiatur „Am Saum" hingegen präsentiert einen Vater, welcher eher erfolgsorientiert ist. Er ist fokussiert, ein Buch zu schreiben und nimmt daher seine Vaterrolle nicht wirklich wahr. Im Gegensatz zur Prosaminiatur „Die Pilger", in welcher der Vater sich eher aggressiv verhält und „Die Zeugen", in der der Vater sich introvertiert gibt, kann zum Vater in der hier zu analysierenden Geschichte gesagt werden, dass die Vaterrolle nicht im Vordergrund steht, wie aber auch in der zuvor analysierten Geschichte „Die Zeugen". Somit lässt sich hier trotz unterschiedlichen Verhaltens eine erste Parallele festmachen.

Ein erster wichtiger Punkt zu der ersten analysierten Geschichte ist die Mimik und Gestik des Vaters. In „Am Saum" zeigt sich der Vater eher zierlich[47] und ähnelt daher in diesem Punkt dem Vater aus „Die Zeugen". Hier lässt sich also eine gewisse Gleichheit feststellen, wohingegen der Vater aus „Die Pilger" eher aggressiv und aufbrausend wirkt und sicher daher sehr von den Vätern aus den anderen beiden Geschichten unterscheidet.

---

[46] Vgl. Ebd. S. 66.
[47] Vgl. Hoppe, S.27.

Zu der Vaterrolle in „Am Saum" ist festzustellen, dass hier eher die Mutter die Erziehung übernimmt bzw. stark lenkt. So sind laut Holdenried Liebe und Gewalt Inhalte für eine finstere familiäre Welt von abwesenden Vätern. Es entstehe eine Lücke untereinander, da einzelne Familienmitglieder diverse Sonderinteressen entwickeln[48], wie hier das Schreiben eines Buches durch den Vater. Da der Vater sich vollends dem Schreiben des Buches widmet, vernachlässigt er seine Kinder, was die Mutter dazu veranlasst, die Hauptrolle in der Erziehung einzunehmen. So stellt auch Fröhlich fest, dass der Vater „der Mann an der Seite einer großen Frau wird"[49]. Dem ist einerseits zuzustimmen, da der Vater aufgrund seiner Präferenz des Buchschreibens als charakterschwach anzusehen ist. Andererseits aber sehe ich die Aussage Fröhlichs etwas kritisch, da er durch das Buchschreiben einen gewissen Erfolg verzeichnet und damit nicht unbedingt als „klein" angesehen werden kann. Nichtsdestotrotz nimmt die Mutter eine „größere" und wichtigere Rolle innerhalb der Familie ein, da sie sich schließlich um die Kinder kümmert. Fröhlich geht in ihrer Analyse sogar soweit, indem sie behauptet, dass sich der Vater nicht angemessen kleidet, Abgewetztes trägt, zumal er eher unscheinbar wirke und sich im Laufe seiner Arbeit äußerlich zu einem Feldhasen, über den er schreibt, verwandle[50].

Wie sich uns bereits gezeigt hat, nimmt die Mutter gegenüber dem Vater in der Prosaminiatur „Am Saum" eine bedeutende Rolle ein. Sie verkörpert einen eher strengeren Charakter, indem sie sich früher meist laut schreiend verhielt und nun die Kinder ermahnt, leise zu sein, da der Vater seine Ruhe braucht[51]. Dem kindlichen Erzähler kommt es so vor, als würde man nur noch mit Blicken statt mit Worten kommunizieren[52]. Wichtig an dieser Stelle zu erwähnen ist, dass sich die Kinder um ihren Vater kümmern, was deutlich wird, da sie ihm morgens immer die Brille putzen und ihm Getränke in sein Zimmer bringen[53]. Die Rolle der Kinder innerhalb der Familie wird hier besonders deutlich. Für den Leser entsteht der Eindruck, dass die Kinder schon im frühen Alter eine gewisse Verantwortung tragen. So stellt Nave-Herz fest, dass den Kindern heutzutage im Vergleich zu den Kindern aus vorherigen Generationen viel mehr Handlungsspielräume eingeräumt werde und ihnen schon früh Aufgaben zugemutet würden[54]. Es ist zu ersehen, dass die Kinder stolz auf ihren Vater sind und streben einen Durchbruch

---

[48] Vgl. Holdenried, S. 79.
[49] Fröhlich, Maike: „Früher liebte ich fest in ihre Uniformen eingenähte Männer" – Geschlecht und (Ver-)Kleidung bei Felicitas Hoppe in: Holdenried, Michaela: Felicitas Hoppe: Das Werk, Verlag Schmidt, Berlin, 2015, S. 196.
[50] Vgl. Fröhlich, S. 196.
[51] Vgl. Hoppe, S. 26.
[52] Vgl. Ebd. S. 26.
[53] Vgl. Ebd. S. 29.
[54] Vgl. Nave-Herz, Rosemarie: „Familie heute – Wandel der Familienstrukturen und Folgen für die Erziehung", Verlag Primus, Darmstadt, 2012, S. 67.

seinerseits an. Somit hoffen sie insgesamt auf eine Verbesserung ihres bisherigen Lebenszustandes.

Im Hinblick auf die Ausgangsfrage kann gesagt werden, dass in Teilen eine gewisse Ähnlichkeit zwischen den bereits analysierten Vätern besteht, sich jedoch nicht wirklich ein einheitlicher Vatertypus determinieren lässt. Die Analyse hat ergeben, dass sich der Vater aus der Prosaminiatur „Die Zeugen" in einigen Punkten mit dem Vater aus „Am Saum" ähnelt. In beiden Fällen kommen die Väter nicht wirklich ihrer Vaterrolle nach. In beiden Geschichten wird seitens des Vaters die Vaterrolle nicht richtig wahrgenommen bzw. ausgeführt, wobei jedoch anzumerken ist, dass in der Geschichte „Die Zeugen" das Kind diese gezwungener Maßen widerwillig übernimmt. Der Vater ist, durch fehlendes Selbstbewusstsein und Labilität gar nicht imstande, seiner Rolle als Vater nachzukommen und ihr gerecht zu werden. Bei der Geschichte „Am Saum" übernehmen die Kinder verantwortungsvolle Aufgaben innerhalb der Familie bzw. im Haushalt und auch hier wird ersichtlich, dass der Vater nicht verantwortungsbewusst agiert. Sie kümmern sich gerne um ihren Vater und halten ihm den Rücken frei, um ihm auf seinem Weg zum Erfolg eine Stütze zu sein. Sie hoffen dadurch auf ein besseres Leben. Beide sind zudem zierlich und werden geleitet, was hauptsächlich durch fehlendes Selbstbewusstsein geschieht. In diesen Punkten stehen sie dem Vater aus „Die Pilger" konträr gegenüber, da der Vater dort einen autoritären Charakter einnimmt, der sein Kind religiös geprägt erzieht. Er ist im Gegensatz zu den beiden Vätern der vorangegangen Prosaminiaturen sehr selbstbewusst, autoritär und nimmt seine Vaterrolle wirklich ernst.

6. Fazit

Mit dieser Hausarbeit sollten die Vaterfiguren der Geschichten „Die Pilger", „Die Zeugen" sowie „Am Saum" aus Felicitas Hoppes „Picknick der Friseure" miteinander verglichen werden. Die Geschichte „Die Pilger" handelt von einem verbitterten Vater, welcher aufgrund seiner negativen Kindheitserfahrungen traumatisiert scheint, versucht sein Leben bzw. das seines Kindes durch eine Pilgerreise zu bereinigen. „Die Zeugen" erzählt von einem Vater, welcher durch eine Spielsucht seine ganze Familie negativ beeinflusst. Während der Vater in „Die Pilger" einen aggressiven, eher zornigen Vater zeigt, wird uns in der Geschichte „Die Zeugen" ein charakterschwacher Vater präsentiert, der sich von seiner Familie leiten lässt. Hingegen in „Am Saum" ist der Vater als erfolgsorientiert zu beschreiben. Er ist auf sich fokussiert und übt seine Vaterrolle nicht wirklich aus, da er zunehmend sein Umfeld vernachlässigt.

Die Untersuchung der drei Prosaminiaturen aus „Picknick der Friseure" haben gezeigt, dass es relativ schwierig ist, einen einheitlichen Vatertypus zu determinieren, weil sich die drei analysierten Väter aufgrund unterschiedlicher Charaktereigenschaften sowie Verhaltensweisen schwer vereinheitlichen lassen. Nichtsdestotrotz gibt es vereinzelt Ähnlichkeiten zwischen den Vätern. Während in der Geschichte „Die Pilger" ein durch ein Kindheitstrauma belasteter Vater dargestellt wird, wird uns in „Die Zeugen" ein an fehlendem Selbstbewusstsein leidender Vater präsentiert. Ein markanter Unterschied ist, dass der autoritäre Vater in „Die Pilger" im Gegensatz zu dem Vater aus „Die Zeugen" seine Vaterrolle zwar wahrnimmt, jedoch religiös basiert handelt und zu aggressiven Tendenzen neigt, was wir beim Vater in „Die Zeugen" nicht sehen. Letztere Geschichte zeigt einen eher ratlosen sowie in Spielsucht verfallenden Vater, welcher sein Kind vernachlässigt und von fehlendem Selbstbewusstsein behaftet ist. In der Geschichte „Am Saum" handelt es sich bei dem Vater um einen nach Erfolg strebenden Charakter, welcher das Hauptaugenmerk stark auf sich lenkt und dadurch sein Umfeld ausblendet. Beiden Vätern fehlt es dennoch an Selbstbewusstsein, wenn auch auf unterschiedliche Weise.

In dieser Hausarbeit wurden die Vaterfiguren dreier Geschichten aus Felicitas Hoppes „Picknick der Friseure" miteinander verglichen und versucht herauszufinden, ob sich ein einheitlicher Vatertypus festmachen lässt. Im Hinblick auf weitere Analysen wäre es spannend, die Interaktion zwischen der Vaterfigur und der Mutterfigur innerhalb der Familie genauer ins Auge zu fassen, um das Verhalten des Vaters im Endeffekt noch besser nachvollziehen zu können.

7. Bibliographie

Primärliteratur:

Hoppe, Felicitas: „Picknick der Friseure", Verlag Fischer, Frankfurt am Main, 2006.

Sekundärliteratur:

Dinger, Christian: „Kurze Beine und schallendes Gelächter. Groteske Komik und subversive Lachkultur am Beispiel von Felicitas Hoppes *Picknick der Friseure*" in: Holdenried, Michaela: Felicitas Hoppe: Das Werk, Verlag Schmidt, Berlin, 2015.

Fröhlich, Maike: „Früher liebte ich fest in ihre Uniformen eingenähte Männer" – Geschlecht und (Ver-)Kleidung bei Felicitas Hoppe in: Holdenried, Michaela: Felicitas Hoppe: Das Werk, Verlag Schmidt, Berlin, 2015.

Holdenried, Michaela: „Familiengeschichten allesamt" – Familienkonstellationen im Werk Felicitas Hoppes in: Frank, Svenja & Ilgner, Julia: Ehrliche Erfindungen – Felicitas Hoppe als Erzählerin zwischen Tradition und Transmoderne, transcript Verlag, Bielefeld 2017.

Holdenried, Michaela: Felicitas Hoppe: „Das Werk", Berlin, 2015.

Hofmann, Michael: „Interkulturelle Literaturwissenschaft. Eine Einführung", Paderborn 2006.

Kaygun, Hacer: „Literatur als Medium zur Darstellung fremder Bilder", Berlin, 1992.

Kuechenhoff, Joachim: „Familienstrukturen im Wandel", Verlag F. Reinhardt, Basel, 1998.

Nave-Herz, Rosemarie: „Familie heute – Wandel der Familienstrukturen und Folgen für die Erziehung", Verlag Primus, Darmstadt, 2012.

Willms, Weertje: „Subversive Kräfte und Tendenzen des Absurden. Felicitas Hoppes *Picknick der Friseure*" in: Holdenried, Michaela: Felicitas Hoppe: Das Werk, Verlag Schmidt, Berlin, 2015.

Schaper, Susanne: „Ironie und Absurdität als philosophische Standpunkte", Würzburg, 1994.

Schott, Christina: „Ahnen, Animisums und die Absurdität des modernen Menschen" in: südostasien – Zeitschrift für Politik, Kultur, Dialog, 12.12.2018.

BEI GRIN MACHT SICH IHR WISSEN BEZAHLT

- Wir veröffentlichen Ihre Hausarbeit, Bachelor- und Masterarbeit

- Ihr eigenes eBook und Buch - weltweit in allen wichtigen Shops

- Verdienen Sie an jedem Verkauf

Jetzt bei www.GRIN.com hochladen und kostenlos publizieren